LA GLOIRE DV VAL-DE-GRACE.

A PARIS,
Chez IEAN RIBOV, au Palais, vis-à-vis la Porte de l'Eglise de la Sainte Chapelle, à l'Image S. Louis.

M. DC. LXIX.
AVEC PRIVILEGE DE SA MAIESTÉ.

Extrait du Privilege du Roy.

PAr Grace & Privilege du Roy, Donné à Paris le 5. jour de Decembre 1668. Signé, Par le Roy en son Conseil, MARGERET, Et scellé du grand Sceau de cire jaune. Il est permis au Sieur de MOLIERE, de faire imprimer par tel Libraire, ou Imprimeur qu'il voudra choisir, vn Poëme de sa composition, intitulé, LA GLOIRE DV VAL-DE-GRACE, & ce durant le temps de cinq années, à compter du jour qu'il sera achevé d'imprimer pour la premiere fois; Et defenses sont faites à tous autres de l'imprimer, ny vendre d'autre Edition que de celle de l'Exposant, ou de ceux qui auront droict de luy, à peine de trois mille livres d'amende, confiscation des Exemplaires contrefaits, & de tous despens, dommages & interests, ainsi que plus au long il est porté par lesdites Lettres.

Ledit Sieur de Moliere a cedé son droict de Privilege à Iean Ribou, Marchand Libraire à Paris, pour en joüir suivant l'accord fait entr'eux.

LA GLOIRE
DV
VAL-DE-GRACE.

DIGNE *fruit de vingt ans de travaux ſomptueüs,*
Auguſte Baſtiment, Temple majeſtueüs,
Dont le Dome ſuperbe, élevé dans la nuë,
Pare du grand Paris la magnifique veuë,

Et parmy tant d'objets semez de toutes parts,
Du Voyageur surpris prend les premiers regards.
Fais briller à iamais, dans ta noble richesse,
La splendeur du saint Vœu d'vne grande Princesse;
Et porte vn témoignage à la Posterité
De sa Magnificence, & de sa Pieté.
Conserve à nos Neveux vne montre fidelle
Des exquises beautez que tu tiens de son zele.
Mais défens bien sur tout de l'injure des ans
Le Chef-d'œuvre fameux de ses riches Presens;
Cet éclatant morceau de sçavante Peinture,
Dont elle a couronné ta noble Architecture.
C'est le plus bel effet des grans soins qu'elle a pris,
Et ton marbre, & ton or ne sont point de ce pris.
Toy qui dans cette Coupe à ton vaste genie,
Comme vn ample Theatre, heureusement fournie,
Es venu déployer les precieus tresors,
Que le Tibre t'a veu ramasser sur ses bords,

Dy-nous, fameux Mignard, par qui te sont versées
Les charmantes beautez de tes nobles pensées;
Et dans quel fonds tu prends cette varieté,
Dont l'esprit est surpris, & l'œil est enchanté?
Dy-nous quel feu divin, dans tes fecondes veilles,
De tes expressions enfante les merveilles?
Quel charme ton pinceau répand dans tous ses traits?
Quelle force il y meste à ses plus doux attraits?
Et quel est ce pouvoir, qu'au bout des doigts tu portes,
Qui sçait faire à nos yeux vivre des choses mortes,
Et d'un peu de mélange, & de bruns, & de clairs,
Rendre esprit la couleur, & les pierres des chairs?
Tu te tais, & pretens que ce sont des matieres,
Dont tu dois nous cacher les sçavantes lumieres;
Et que ces beaux secrets, à tes travaux vendus,
Te coustent un peu trop pour estre répandus.
Mais ton Pinceau s'explique, & trahit ton silence.
Malgré toy de ton Art il nous fait confidence;

Et dans ses beaux efforts à nos yeux étalez,
Les mysteres profonds nous en sont révelez.
Vne pleine lumiere icy nous est offerte;
Et ce Dome pompeux est vne école ouverte,
Où l'ouvrage faisant l'office de la voix,
Dicte de ton grand Art les souveraines loix.

L'Invention, Dessein, & Coloris.

Il nous dit fortement les trois nobles Parties
Qui rendent d'vn Tableau les beautez assorties;
Et dont, en s'vnissant les talens relevez
Donnent à l'Vnivers les Peintres achevez.

I. L'Invention premiere Partie de la Peinture.

Mais des trois, comme Reine, il nous expose celle,
Que ne peut nous donner le travail, ny le zele;
Et qui comme vn present de la faveur des Cieux,
Est du nom de divine appellée en tous lieux.
Elle, dont l'essor monte au dessus du tonnerre;
Et sans qui l'on demeure à ramper contre terre;
Qui meut tout; regle tout; en ordonne à son choix
Et des deux autres meine, & regit les emplois.

Il nous enſeigne à prendre vne digne matiere,
Qui donne au feu du Peintre vne vaſte carriere,
Et puiſſe recevoir tous les grands ornemens,
Qu'enfante vn beau genie en ſes accouchemens;
Et dont la Poëſie, & ſa ſœur la Peinture
Parent l'inſtruction de leur docte impoſture;
Compoſent avec art ces attraits, ces douceurs,
Qui font à leurs leçons vn paſſage en nos cœurs,
Et par qui de tout temps, ces deux Sœurs ſi pareilles
Charment, l'vne les yeux, & l'autre les oreilles.
Mais il nous dit de fuïr vn diſcord apparent
Du lieu que l'on nous donne, & du ſujet qu'on prend,
Et de ne point placer dans vn tombeau des feſtes;
Le Ciel contre nos piez; & l'Enfer ſur nos teſtes.
Il nous apprend à faire avec détachement,
De groupes contraſtez vn noble ageancement,
Qui du champ du Tableau faſſe vn juſte partage,
En conſervant les bords vn peu legers d'ouvrage:

N'ayant nul embarras; nul fracas vicieux,
Qui rompe ce repos si fort amy des yeux:
Mais où, sans se presser, le groupe se rassemble,
Et forme vn doux concert, fasse vn beau tout-ensemble,
Où rien ne soit à l'œil mandié, ny redit;
Tout s'y voyant tiré d'vn vaste fonds d'esprit,
Assaisonné du sel de nos graces antiques,
Et non du fade goust des ornemens gothiques:
Ces monstres odieux des Siecles ignorans,
Que de la barbarie ont produits les torrens;
Quand leur cours inondant presque toute la terre,
Fit à la politesse vne mortelle guerre,
Et de la grande Rome abbatant les remparts,
Vint auec son empire, étouffer les beaux Arts.
Il nous montre à poser avec noblesse, & grace
La premiere Figure à la plus belle place;
Riche d'vn agrément, d'vn brillant de grandeur,
Qui s'empare d'abord des yeux du Spectateur:

Prenan

Prenant vn ſoin exact, que dans tout vn ouvrage,
Elle jouë aux regards le plus beau perſonnage;
Et que par aucun role au ſpectacle placé,
Le Heros du Tableau ne ſe voye effacé.
Il nous enſeigne à fuïr les ornemens débiles
Des epiſodes froids, & qui ſont inutiles.
A donner au ſujet toute ſa verité.
A luy garder par tout pleine fidelité;
Et ne ſe point porter à prendre de licence,
A moins qu'à des beautez elle donne naiſſance.
Il nous dicte amplement les leçons du Deſſein, II. Le Deſſein ſeconde Partie de la Peinture.
Dans la maniere Grecque, & dans le gouſt Romain:
Le grand choix du beau vray, de la belle nature,
Sur les reſtes exquis de l'antique Sculpture;
Qui prenant d'vn ſujet la brillante beauté,
En ſçavoit ſeparer la foible verité,
Et formant de pluſieurs vne beauté parfaite,
Nous corrige par l'Art la Nature qu'on traite.

Il nous explique à fond, dans ses instructions,
L'union de la grace, & des proportions:
Les figures par tout doctement dégradées,
Et leurs extremitez soigneusement gardées.
Les contrastes sçavans des membres agroupez,
Grands, nobles, étendus, & bien dévelopez;
Balancez sur leur centre en beauté d'attitude;
Tous formez l'un pour l'autre avec exactitude,
Et n'offrant point aux yeux ces galimatias,
Où la teste n'est point de la jambe, ou du bras;
Leur juste attachement aux lieux qui les font naistre,
Et les muscles touchez, autant qu'ils doivent l'estre.
La beauté des contours observez avec soin;
Point durement traitez, amples, tirez de loin,
Inégaux, ondoyans, & tenans de la flâme,
Afin de conserver plus d'action, & d'ame.
Les nobles airs de teste amplement variez,
Et tous au caractere avec choix mariez.

Et c'est là qu'vn grand Peintre, avec pleine largesse,
D'vne feconde idée étale la richesse;
Faisant briller par tout de la diversité,
Et ne tombant iamais dans vn air repeté:
Mais vn Peintre commun trouve vne peine extréme,
A sortir, dans ses airs, de l'amour de soy-mesme;
De redites sans nombre il fatigue les yeux,
Et plein de son image il se peint en tous lieux.
Il nous enseigne aussi les belles draperies
De grans plis bien jettez suffisamment nourries,
Dont l'ornement aux yeux doit conserver le nû:
Mais qui pour le marquer soit vn peu retenu;
Qui ne s'y cole point, mais en suive la grace,
Et sans la serrer trop, la carresse, & l'embrasse.
Il nous montre à quel air, dans quelles actions,
Se distinguent à l'œil toutes les passions.
Les mouvemẽs du cœur, peints d'vne adresse extrême,
Par des gestes puisez dans la passion mesme.

Bien marquez, pour parler, appuyez, forts, & nets;
Imitans en vigueur les gestes des muets,
Qui veulent reparer la voix que la Nature
Leur a voulu nier ainsi qu'à la Peinture.

III. Coloris ...me Par... la Pein- *Il nous étale enfin les mysteres exquis*
De la belle partie où triompha Zeuxis,
Et qui le revestant d'une gloire immortelle,
Le fit aller du pair avec le grand Apelle.
L'union, les concerts, & les tons des couleurs,
Contrastes, amitiez, ruptures & valeurs:
Qui font les grans effets, les fortes impostures,
L'achevement de l'Art, & l'ame des Figures.

Il nous dit clairement dans quel choix le plus beau;
On peut prendre le jour, & le champ du Tableau.
Les distributions, & d'ombre, & de lumiere,
Sur chacun des objets, & sur la masse entiere.
Leur dégradation dans l'espace de l'air,
Par les tons differens de l'obscur & du clair;

Et quelle force il faut aux objets mis en place,
Que l'approche distingue, & le lointain efface.
Les gracieux repos, que par des soins communs,
Les bruns donnent aux clairs, comme les clairs aux
Avec quel agrément d'insensible passage (bruns.
Doivent ces opposez entrer en assemblage;
Par quelle douce cheute ils doivent y tomber,
Et dans vn milieu tendre aux yeux se dérober.
Ces fonds officieux qu'avec art on se donne,
Qui reçoivent si bien ce qu'on leur abandonne.
Par quels coups de pinceau formant de la rondeur,
Le Peintre donne au plat le relief du Sculpteur.
Quel adoucissement des teintes de lumiere
Fait perdre ce qui tourne, & le chasse derriere,
Et comme avec vn champ fuyant, vague & leger,
La fierté de l'obscur sur la douceur du clair
Triomphant de la toile, en tire avec puissance
Les figures que veut garder sa resistance,

Et malgré tout l'effort qu'elle opose à ses coups,
Les détache du fond, & les ameine à nous.
Il nous dit tout cela, ton admirable ouvrage:
Mais, illustre Mignard, n'en prens aucun ombrage,
Ne crains pas que ton Art, par ta main découvert,
A marcher sur tes pas tienne un chemin ouvert;
Et que de ses leçons les grans, & beaux oracles
Elevent d'autres mains à tes doctes miracles.
Il y faut les talens que ton merite joint;
Et ce sont des secrets qui ne s'apprennent point.
On n'acquiert point, Mignard, par les soins qu'on se donne,
Trois choses dont les dons brillent dans ta personne;
Les passions, la grace, & les tons de couleur,
Qui des riches Tableaux font l'exquise valeur.
Ce sont presens du Ciel, qu'on voit peu, qu'il assemble,
Et les Siecles ont peine à les trouver ensemble.

C'est par là qu'à nos yeux nuls travaux enfantez,
De ton noble travail n'atteindront les beautez.
Malgré tous les pinceaux, que ta gloire réveille,
Il sera de nos jours la fameuse merveille;
Et des bouts de la terre, en ses superbes lieux,
Attirera les pas des Sçavans curieux.
O vous, dignes objets de la noble tendresse,
Qu'a fait briller pour vous cette Auguste Princesse,
Dont au grand Dieu naissant, au veritable Dieu,
Le zele magnifique a consacré ce lieu;
Purs Esprits, où du Ciel sont les graces infuses,
Beaux Temples des vertus, admirables Récluses,
Qui dans vostre retraite, avec tant de ferveur,
Meslez parfaitement la retraite du cœur;
Et par vn choix pieux hors du monde placées,
Ne détachez vers luy nulle de vos pensées,
Qu'il vous est cher d'avoir sans cesse devant vous
Ce tableau de l'objet de vos vœux les plus doux;

D'y nourrir par vos yeux les précieuses flâmes,
Dont si fidellement brûlent vos belles ames;
D'y sentir redoubler l'ardeur de vos desirs;
D'y donner à toute heure vn encens de soûpirs;
Et d'embrasser du cœur vne image si belle
Des celestes beautez de la gloire éternelle,
Beautez qui dans leurs fers tiennent vos libertez,
Et vous font mépriser toutes autres beautez.

Et toy qui fus jadis la Maistresse du Monde,
Docte & fameuse Ecole en raretez féconde;
Où les Arts déterrez ont par vn digne effort,
Reparé les degasts des Barbares du Nort;
Source des beaux débris des Siecles memorables,
O Rome, qu'à tes soins nous sommes redevables,
De nous avoir rendu façonné de ta main,
Ce grand Homme chez toy devenu tout Romain,
Dont le pinceau celebre, avec magnificence,
De ses riches travaux vient parer nostre France;

Et

Et dans vn noble lustre y produire à nos yeux
Cette belle Peinture inconnuë en ces lieux,
La Fresque, dont la grace à l'autre preferée
Se conserve vn éclat d'éternelle durée:
Mais dont la promptitude, & les brusques fiertez
Veulent vn grand genie à toucher ses beautez.
De l'autre, qu'on connoist, la traittable methode
Aux foiblesses d'vn Peintre aisément s'accommode.
La paresse de l'huile, allant avec lenteur,
Du plus tardif genie attend la pesanteur.
Elle sçait secourir, par le temps qu'elle donne,
Les faux pas que peut faire vn Pinceau, qui tatonne;
Et sur cette Peinture on peut, pour faire mieux,
Revenir, quand on veut, avec de nouveaux yeux.
Cette commodité de retoucher l'ouvrage,
Aux Peintres chancelans est vn grand avantage:
Et ce qu'on ne fait pas en vingt fois qu'on reprend,
On le peut faire en trente, on le peut faire en cent.

Mais la Fresque est pressante, & veut sans complaisance
Qu'vn Peintre s'accommode à son impatience;
La traitte à sa maniere, & d'vn travail soudain
Saisisse le moment, qu'elle donne à sa main.
La severe rigueur de ce moment, qui passe,
Aux erreurs d'vn Pinceau ne fait aucune grace.
Avec elle il n'est point de retour à tenter;
Et tout au premier coup se doit executer.
Elle veut vn esprit, où se rencontre vnie
La pleine connoissance avec le grand genie;
Secouru d'vne main propre à le seconder,
Et maistresse de l'Art jusqu'à le gourmander;
Vne main prompte à suivre vn beau feu qui la guide,
Et dont comme vn éclair, la justesse rapide
Répande dans ses fonds, à grands traits non tastez,
De ses expressions les touchantes beautez.

C'est par là que la Fresque éclatante de gloire
Sur les honneurs de l'autre emporte la victoire,
Et que tous les Sçavans, en Iuges délicats,
Donnent la préference à ses masles appas.
Cent doctes mains chez elle ont cherché la loüange;
Et Iules, Annibal, Raphaël, Michel-Ange,
Les Mignards de leur siecle, en illustres Rivaux
Ont voulu par la Fresque anoblir leurs travaux.
Nous la voyons icy doctement revestuë
De tous les grands attraits qui surprennent la veuë.
Iamais rien de pareil n'a paru dans ces lieux;
Et la belle inconnuë a frapé tous les yeux.
Elle a non seulement, par ses graces fertiles,
Charmé du grand Paris les connoisseurs habiles,
Et touché de la Cour le beau monde sçavant:
Ses miracles encor ont passé plus avant;
Et de nos Courtisans les plus legers d'étude
Elle a pour quelque temps fixé l'inquiétude;

Arresté leur esprit ; attaché leurs regards,
Et fait descẽdre en eux quelque goust des beaux Arts.
Mais ce qui plus que tout éleve son merite,
C'est de l'auguste Roy l'éclatante visite.
Ce Monarque dont l'ame aux grandes qualitez
Ioint vn goust delicat des sçavantes beautez,
Qui separant le bon d'avec son apparence
Décide sans erreur, & loüe avec prudence ;
Loüis, le grand Loüis, dont l'Esprit souverain
Ne dit rien au hazard, & voit tout d'vn œil sain,
A versé de sa bouche à ses graces brillantes
De deux précieux mots les douceurs chatoüillantes ;
Et l'on sçait qu'en deux mots ce Roy judicieux
Fait des plus beaux travaux l'Eloge glorieux.
Colbert, dont le bon goust suit celuy de son Maistre,
A senty mesme charme, & nous le fait paroistre.
Ce vigoureus genie au travail si constant,
Dont la vaste prudence, à tous emplois s'étend ;

Qui du choix ſouverain tient, par ſon haut merite,
Du Commerce & des Arts la ſuprême conduite,
A d'vne noble idée enfanté le deſſein,
Qu'il confie aux talens de cette docte main;
Et dont il veut par elle attacher la richeſſe
Aux ſacrez murs du Temple, où ſon cœur s'intereſſe. S. Euſtache.
La voilà, cette main, qui ſe met en chaleur:
Elle prend les pinceaux, trace, étend la couleur;
Empaſte, adoucit, touche, & ne fait nulle poſe:
Voilà qu'elle a finy; l'Ouvrage aux yeux s'expoſe;
Et nous y découvrons, aux yeux des grans experts,
Trois miracles de l'Art en trois tableaux divers;
Mais parmy cent objets d'vne beauté touchante,
Le Dieu porte au reſpect, & n'a rien qui n'enchante.
Rien en grace, en douceur, en vive majeſté,
Qui ne preſente à l'œil vne divinité:
Elle eſt toute en ſes traits, ſi brillans de nobleſſe.
La grandeur y paroiſt, l'équité, la ſageſſe,

La bonté, la puiſſance ; enfin ces traits font voir
Ce que l'eſprit de l'homme a peine à concevoir.
Pourſuis, ô grand Colbert, à vouloir dans la France
Des Arts que tu régis établir l'excellence ;
Et donne à ce projet, & ſi grand, & ſi beau,
Tous les riches momens d'vn ſi docte pinceau.
Attache à des travaux, dont l'éclat te renomme,
Le reſte précieux des jours de ce grand Homme.
Tels Hommes rarement ſe peuvent preſenter ;
Et quand le Ciel les donne il en faut profiter.
De ces mains, dõt les temps ne ſont gueres prodigues,
Tu dois à l'Vnivers les ſçavantes fatigues.
C'eſt à ton miniſtere à les aller ſaiſir ;
Pour les mettre aux emplois, que tu peus leur choiſir ;
Et pour ta propre gloire il ne faut point attendre,
Qu'elles viẽnent t'offrir, ce que ton choix doit prendre.
Les grãds Hõmes, Colbert, ſont mauvais courtiſans ;
Peu faits à s'acquiter des devoirs complaiſans.

A leurs reflexions tout entiers ils se donnent,
Et ce n'est que par là, qu'ils se perfectionnent.
L'étude & la visite ont leurs talens à part.
Qui se donne à sa Cour, se dérobe à son Art.
Vn esprit partagé rarement s'y consomme;
Et les emplois de feu demandent tout vn Homme.
Ils ne sçauroient quitter les soins de leur mestier,
Pour aller chaque jour fatiguer ton Portier;
Ny par tout prés de toy, par d'assidus hommages,
Mandier des prosneurs les éclatans suffrages.
Cet amour de travail, qui toûjours regne en eux,
Rend à tous autres soins leur esprit paresseux;
Et tu dois consentir à cette negligence,
Qui de leurs beaux talens te nourrit l'excellence.
Souffre que dans leur Art s'avançant chaque jour,
Par leurs Ouvrages seuls ils te fassent leur cour.
Leur merite à tes yeux y peut assez paroistre.
Consultes-en ton goust; il s'y connoist en maistre,

Et te dira toûjours, pour l'honneur de ton choix,
Sur qui tu dois verſer l'éclat des grands emplois.
C'eſt ainſi que des Arts la renaiſſante gloire.
De tes illuſtres ſoins ornera la memoire,
Et que ton nom porté dans cent travaux pompeux
Paſſera triomphant à nos derniers Neveux.

www.ingramcontent.com/pod-product-compliance
Ingram Content Group UK Ltd.
Pitfield, Milton Keynes, MK11 3LW, UK
UKHW032033260826
14628UKWH00006B/2933

9 782019 140588